BINAIRE OPTIES:
Stappen voor Stap handleiding om geld te verdienen met volatility Indicex Trading

door

Richard Lee

JURIDISCHE MEDEDELINGEN

AUTEURSRECHTEN

Alle rechten voorbehouden. Niets uit dit boek mag worden gereproduceerd, in welke vorm dan ook, elektronisch of mechanisch, inclusief fotokopiëren, opnemen of door een willekeurig opslag- of zoeksysteem of opnieuw verspreid zonder de uitdrukkelijke schriftelijke toestemming van de auteur. Dit boek kan onder geen enkele omstandigheid worden verkocht; je hebt alleen persoonlijke rechten op dit boek.

DISCLAIMER

Door de informatie in dit boek te gebruiken, gaat u ermee akkoord dat dit algemeen educatief materiaal is en dat u niemand verantwoordelijk stelt voor verlies of schade als gevolg van de inhoud die hier door de auteur wordt verstrekt

Houd er rekening mee dat binaire handel in en handel in andere leveraged-producten een aanzienlijk risico inhoudt en niet geschikt is voor alle beleggers. Voordat u dergelijke transacties uitvoert, moet u ervoor zorgen dat u de risico's volledig begrijpt en zo nodig onafhankelijk advies inwint. Alle meningen of andere informatie in dit boek zijn bedoeld als algemeen educatief doel en vormen geen beleggingsadvies.

Copyright © 2018 Richard Lee
Alle rechten voorbehouden.

INHOUDSOPGAVE

JURIDISCHE MEDEDELINGEN 1
INHOUDSOPGAVE 2
Introductie 4
HOOFDSTUK EEN 6
Inleiding tot handel in binaire opties 6
HOOFDSTUK TWEE 10
Hoe Rise / Fall te verhandelen 10
    Sniper Grafische Worm Strategie 10
    Regels van deze strategie 11
    Geldbeheer 14
HOOFDSTUK DRIE 16
Hoe te handelen Touch / No Touch 16
    Het handelsplatform 22
    Raak Strategie niet aan 24
    BEER MARKT 24
    De Keltner Channels-strategie 25
    Hoe Keltner-kanalen te verhandelen 26
    De bovengrens strategie 26
    De Middle Band-strategie 28
    Up / Down (Rise / Fall) -strategie 29

    Moving Average 50 Strategy (De Rode lijn) 31

    STIERENMARKT 32

    Keltner Channel Strategie 33

    Moving Average 20 Strategy (De zwarte lijn) 34

    Moving Average 50 Strategy (De rode lijn) 36

    Geldbeheer 37

HOOFDSTUK VIER 38

Hoe te handelen Digits Matches 38

    Digits Matches Strategie 39

    Procedure 41

    Het geheime nummer 42

    Regels van de Strategie 44

HOOFDSTUK VIJF 46

Conclusie 46

Introductie

Bedankt voor het kopen van dit boek. Mijn uiteindelijke doel van het schrijven van een ander boek in de Teach Yourself-serie is om u te helpen handelen en geld verdienen met binaire opties. U hoeft niet veel te betalen voordat u kunt leren hoe u vooral Binaire opties kunt verhandelen.

Ik deel hier mijn schat aan ervaring en strategieën in de handel waarvan ik hoop dat ze je ook zullen helpen.

Houd er rekening mee dat sommige functies van het binaire platform ten tijde van het schrijven van dit boek mogelijk zijn gewijzigd, maar dat de principes hetzelfde blijven.

Het enige dat u hoeft te doen, is letterlijk het hele principe en de strategie volgen die in dit boek worden geschetst en u zult gegarandeerd een hoge winstratio hebben, wat zich vertaalt in een zeer opvallende Return on Investment (ROI).

Houd er rekening mee dat trading geen snel rijk schema is. Je kunt er echt van handelen en er geld van verdienen als je je aan bepaalde regels en principes houdt die het leiden. Ik deel hier verschillende strategieën met u om u daarbij te helpen.

Ik hoop dat het lezen van dit boek niet alleen zal vertalen naar het uitrusten van kennis, maar ook zal helpen om geld te verdienen in uw handelsactiviteiten.

Ik hoop dat je de kennis die je in dit boek hebt geleerd niet alleen zult lezen, maar ook zult toepassen. Het is dan dat uw handelsfortuin zal komen.

Ik heb er veel vertrouwen in dat wat u zult leren, als het hulpprogramma u zal helpen om geld te verdienen met binaire opties

Veel leesplezier.

Richard Lee

HOOFDSTUK EEN

Inleiding tot handel in binaire opties

Binaire opties worden ook alles-of-niets-opties genoemd. Als een handelaar in binaire opties, hebt u twee posities om te beslissen, d.w.z. gaat de waarde van een item omhoog of daalt het over een ingestelde tijdsperiode? Afhankelijk van de uitkomst van de transactie is de uitbetaling een vooraf bepaald percentage of niets.

Bijvoorbeeld, als een handelaar verwacht dat de waarde van EURUSD in een bepaalde periode zal stijgen en correct is, dan profiteert hij van een vast bedrag. Als de waarde van EURUSD echter daalt, verliest de handelaar het volledige bedrag van de investering. Het maakt niet uit of het activum de oorspronkelijke prijs met 1 punt of 50 punten overschrijdt, de uitbetaling is hetzelfde.

Binair is eenvoudiger in de handel te vergelijken met Forex. U hoeft niet te veel technische details te weten om Binaire Opties te verhandelen in tegenstelling tot Forex. Afgezien van dat, Binaire Opties zijn kortere termijn, soms zo snel als slechts 60 seconden, waardoor herhaalde handel en successen mogelijk zijn. Bovendien stelt het beleggers in staat te profiteren van zowel bull (naar boven) als (naar beneden) dalende markttrends.

Zodra u uw account heeft geopend, gaat u naar het handelsplatform. Selecteer het activum dat u wilt verhandelen, de vervaltijd, of de waarde omhoog gaat (calloptie) of omlaag (putoptie) en voer vervolgens het bedrag in dat u wilt beleggen. U hebt in elke fase controle over uw investering. Na het verstrijken van de looptijd wordt de ingestelde uitbetaling automatisch toegevoegd aan uw account als u met succes hebt geruild, of het investeringsbedrag is afgetrokken als dat niet het geval was.

Hoewel de meeste makelaars die er zijn, alleen bieden handelaren opties van de handel in valuta of grondstoffen of aandelen en indices, is er een andere kant van binaire opties die binary.com zijn klanten biedt om geld te verdienen. Dit is de Volatility Index.

Volatility Index-handel is een aspect van de handel in binaire opties die wordt verhandeld op het Binary.com-platform. Het is stabieler in vergelijking met valuta en is niet onderhevig aan nieuws zoals de meeste paren doen. Volatility Indices heeft vele instrumenten om te handelen, zoals Volatility 10 Index, Volatility 25 Index, Volatility 50 Index, Volatility 75 Index, Volatility 100 Index en de Bear and Bull-markt. Zie de onderstaande afbeelding.

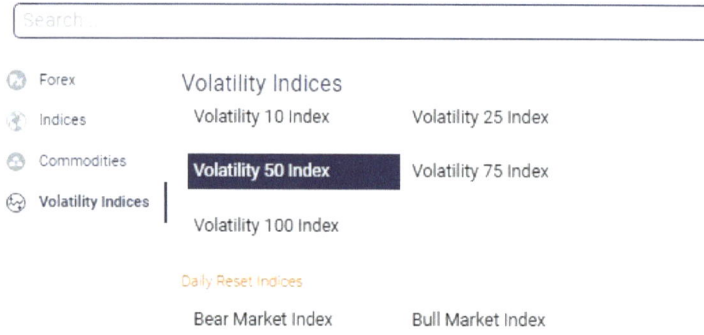

Er zijn verschillende opties om te handelen onder elke Volatility Index. We hebben hoger / lager (stijgen / dalen, hoger / lager) Aanraken / Geen aanraking, In / Uit, Digits, Aziaten en Lookbacks enz.

Zie afbeelding hieronder,

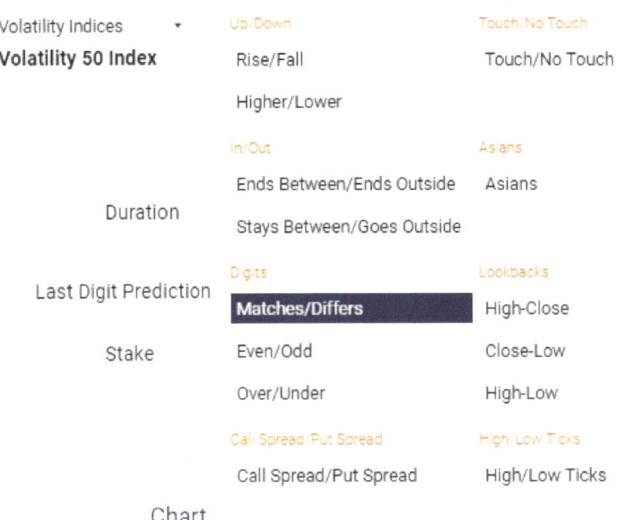

Het is mogelijk dat u elke Index afzonderlijk moet openen, omdat u geen Digit Match vindt in sommige landen zoals de Bear- en Bull-markt. Toch is het alleen maar om u een idee te geven van verschillende handelsopties onder Volatility Indices.

In dit boek zal ik je stap voor stap laten zien hoe je UP / Down (Rise / Fall), Digit Matches en Touch / No Touch kunt ruilen.

HOOFDSTUK TWEE

Hoe Rise / Fall te verhandelen

Sniper Grafische Worm Strategie

Laat me uitleggen hoe je Volatility Index inruilt met deze strategie.

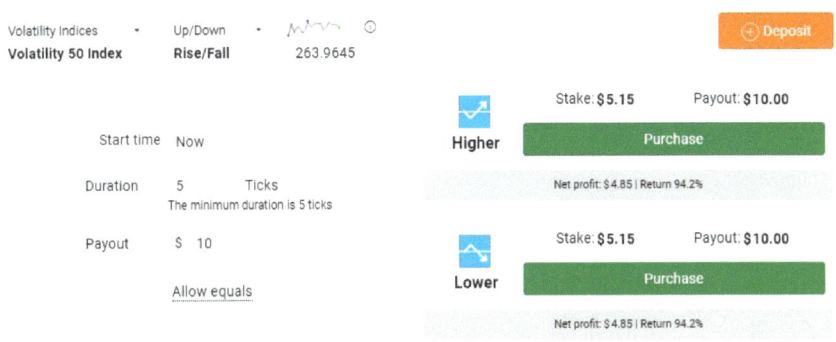

Dit is een Tick-strategie. Kies Op / Neer en Rise / Fall. Onder tijdsduur kiest u 5 ticks, stelt u uw inzet of investeringsbedrag in en klikt u op Hoger of Lager.

Op de afbeelding hierboven, kunt u de regel zien waar ik naar wees met de rode pijl? Dat is de grafische worm. Het bestaat uit vier delen. Het rode, blauwe en groene kleine ronde deel. Het extreme uiteinde heeft de groene ronde kop als een worm. Het vierde deel is de kleur display prijs 264.0470 zoals hierboven te zien. Zie afbeelding hieronder

De rode pijl wijst naar het ronde gedeelte. De blauwe pijl wijst naar het ronde gedeelte en de groene pijl wijst naar de wormkop.

Regels van deze strategie

Onze focus is het hoofd van de worm en de prijs van het kleurendisplay die BLAUW of ROOD moet zijn. Wanneer de kop van de worm in ROOD verandert, telt de volgende opeenvolgende prijs van kop en kleur. Als de volgende opeenvolgende prijs van kop en kleur ROOD minstens 3 keer rood is zonder een andere kleur ertussen, moet u klaar zijn om uw positie in te nemen (in dit geval HOGER). Wanneer dit gebeurt, klikt de volgende kleur die BLAUW is onmiddellijk op Hoger.

MAAR als de kop van de worm BLAUW is, telt de volgende opeenvolgende nummerweergave prijs, indien BLAUW opeenvolgend zonder een andere kleur ertussen.

Bereid u dan voor op uw positie die LAGER is. Dus in dit geval verschijnt onmiddellijk de volgende kleur die ROOD is, klik op LAGER.

Let op, de prijs van het kleurendisplay of de kop van BLAUW geeft UP of hoger aan, terwijl RODE kleur omlaag of omlaag aangeeft

Laten we het voorbeeld eens bekijken,

Zoals je kunt zien aan de bovenstaande foto.
De eerste prijs voor de kleurweergave was ROOD samen met een grafische worm met RODE kop. De eerstvolgende onmiddellijke nummerkleur was ROOD met RODE hoofdworm. Dit werd onmiddellijk gevolgd door een andere RODE nummerkleur met een andere worm met een RODE kop.
Zodra u drie opeenvolgende kleuren display prijs en kop van dezelfde kleur ziet zonder een andere nummerkleur of kop daartussenin. Maak je klaar om je positie in te nemen.

Nu kun je zien dat het vierde nummer BLAUW was met een GROEN hoofd. Het maakt niet uit. De volgorde van het nummer werd voldaan met de vorige drie RODE nummers en het hoofd in volgorde. Zodra dit gebeurt, klikt u op HOGER.

En houd er rekening mee dat de prijs van het kleurendisplay onmiddellijk is gewijzigd in BLAUW. Je klikt tegelijkertijd op HOGER.

Ik zal je nog een voorbeeld laten zien.

BLAUWE hoofden komen met BLAUWE kleurprijs! Tel 1
De tweede prijs van de beweging die daarna komt is nog steeds BLAUW! Tel 2
De derde prijs van de beweging die daarna komt is nog steeds BLAUW! Tel 3
Maak je klaar om hieronder LAGER te klikken. We hebben al drie BLAUWE nummers en kop in volgorde die niet beïnvloed zijn door een andere nummerkleur.
En de prijs van het kleurendisplay is nog steeds BLAUW, is nog steeds goed. Geen probleem.
Hierna verandert de prijs van de kleurenweergave in ROOD en klikt u onmiddellijk op LAGER.

Ik zal je nog een voorbeeld laten zien,

RODE hoofden komen met RODE kleurenprijs! Tel 1
De tweede prijs van de beweging die daarna komt is nog steeds ROOD! Tel 2

De derde prijs van de beweging die daarna komt is nog steeds ROOD! Tel 3
Maak u daarna gereed om te klikken op de positie HIER KOPEN. We hebben al drie RODE nummers en kopnummers die niet zijn beïnvloed door een andere nummerkleur. Hierna verandert de prijs van het kleurendisplay in BLAUW en klik vervolgens direct op HOGER.

Maar bijvoorbeeld als een ROOD hoofd verschijnt, en ik begin te tellen vanaf de eerste RODE kop, als de kleurprijs en het hoofd zich niet in SEQUENTIE (ongeorganiseerd) bevinden, dan is de telling ongeldig. Ik zal dit negeren en op zoek gaan naar een betere volgorde.

Geldbeheer

Deze strategie werkt en het zal u helpen om eenvoudig geld te verdienen met Volatility Binary Options dan in valuta. Er is echter geen strategie die 100% perfect is. Als een strategie je helpt om 6 of 7 van de 10 transacties te winnen. Het is een goede strategie.

Het andere belangrijke aspect van handelen is Money Management. In het geval van verliezen, moet u klaar zijn om Martingale Strategie te gebruiken om uw verliezen terug te verdienen.
Hieronder ziet u een voorbeeld van een steekproef van MATINGALE waarmee u uw kapitaal kunt terugkrijgen.
$0.5, $2.5, $6.25, $15.63, $39.07, $97.66.
Wat dit betekent is dat als je $0.5 inlegt en je verliest, in de volgende transactie $2.5, als het leidt tot verliezen, in de volgende handel weer $6.25 zet enzovoort in die volgorde ... Door dit te doen, zul je in staat zijn om te herstellen uw verliezen en nog steeds in winst na elke transactie.

Houd er rekening mee dat de inzet afhankelijk is van uw kapitaal. Je kunt net zo goed je eigen stijl van geldbeheer ontwikkelen, afhankelijk van je kapitaal.

HOOFDSTUK DRIE

Hoe te handelen Touch / No Touch

Om Touch / No Touch in te ruilen, heeft u Trading View Platform nodig om de grafiek te krijgen.

Er zijn twee manieren om uw Trading View binaire platform te krijgen.
(1.) U kunt rechtstreeks naar https://tradingview.binary.com/v1.3.11/main.html gaan of
(2.) U gaat naar binary.com in uw browser en volgt de onderstaande stappen

Klik op Platforms zoals hieronder getoond

Klik vervolgens op meer Tools

Klik vervolgens op Try Trading View, zoals hieronder getoond

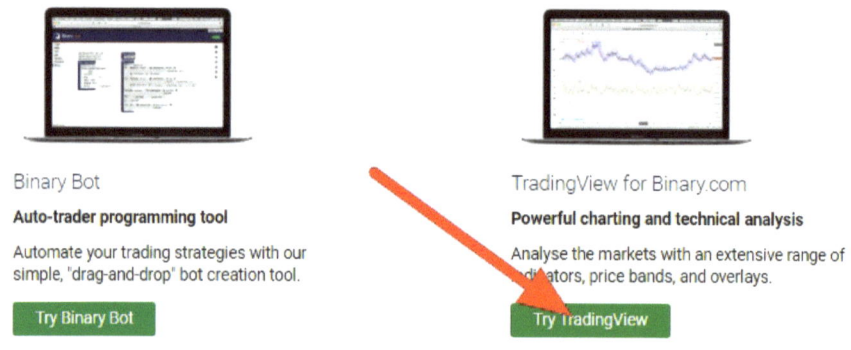

De kaart ziet er als volgt uit

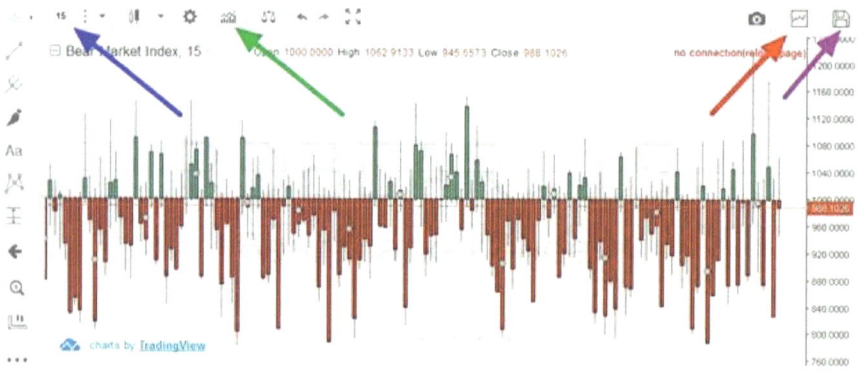

De rode pijl geeft aan waar het instrument moet worden verhandeld. Als je erop klikt, verschijnt er een pagina zoals hieronder weergegeven en kun je Bear of Bull Market kiezen.

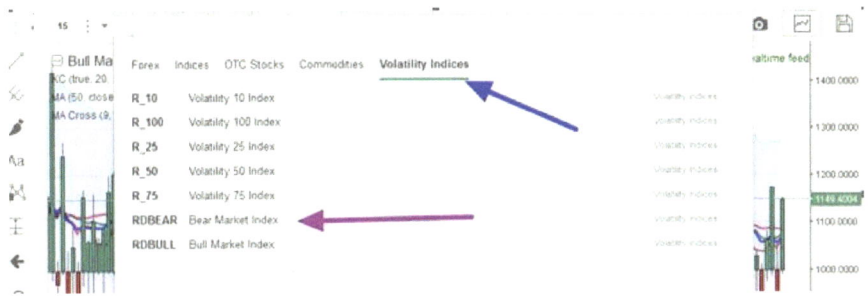

De groene pijl is de plek waar de indicatoren moeten worden gekozen.

De blauwe pijl is de plek waar het tijdframe kan worden gekozen, dat kan 15 minuten naar 20 uur duren. En met de paarse pijl kunt u de instellingen opslaan zodat u deze kunt zien wanneer u weer teruggaat om te handelen.

Zie voorbeeld snapshot hieronder

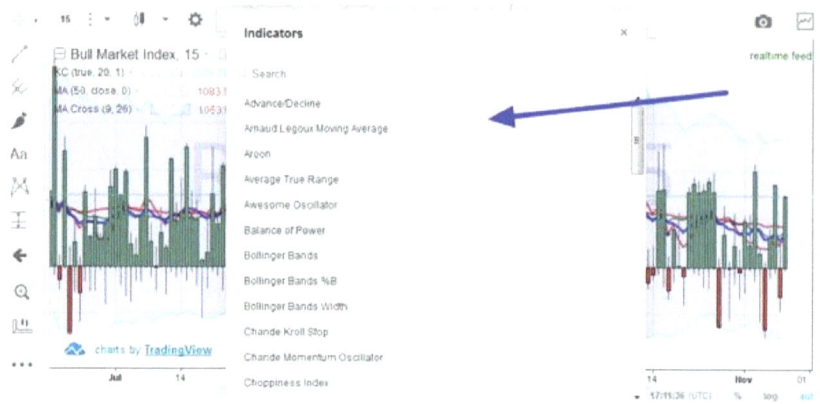

Zodra uw zeekaart is geladen. U zult nu uw grafieken configureren met twee indicatoren voor onze strategie.

De eerste is de voortschrijdend gemiddelde en de tweede is het Keltner-kanaal.

Voor Gemiddelde instellingen verplaatsen

Kies voortschrijdend gemiddelde in de indicatoren en vul de details in zoals hieronder wordt getoond.

We gaan gebruik maken van Moving Average 20 en Moving Average 50.

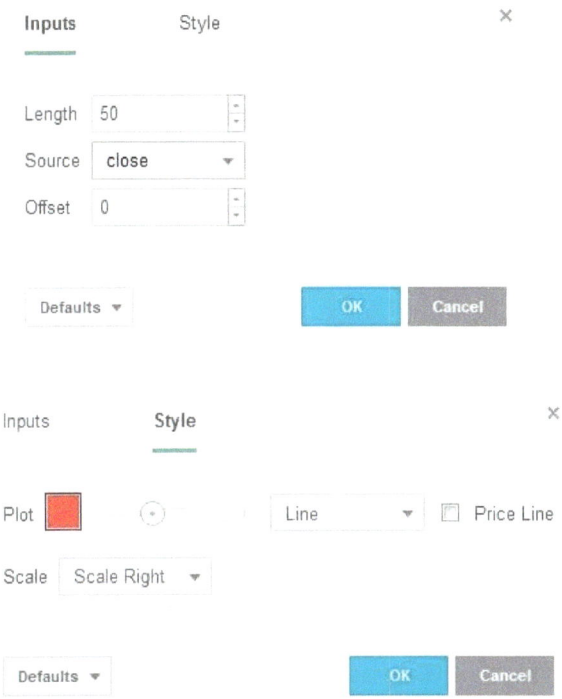

We gebruiken Red Colour for Moving Average 50. Zodra dit is gebeurd. Voeg Moving Average 20 toe. U kunt elke gewenste kleur kiezen. Klik OK. En het zal worden ingevoegd in uw grafiek.

Voor Keltner-kanaalinstellingen

Kies Keltner onder de indicatorlijst en vul de details in zoals hieronder wordt getoond. We gebruiken 20 onder de lengte zoals hieronder getoond. Let op.

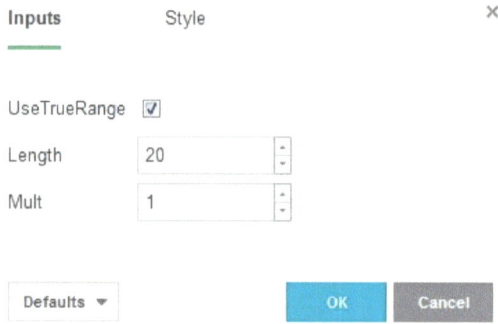

U kunt op Stijl klikken om de kleur van de lijnen te wijzigen. Kelter werkt als een Bollinger-band met drie lijnen. Elk van deze lijnen kan verschillende kleuren krijgen, afhankelijk van uw voorkeur.

Zie hieronder

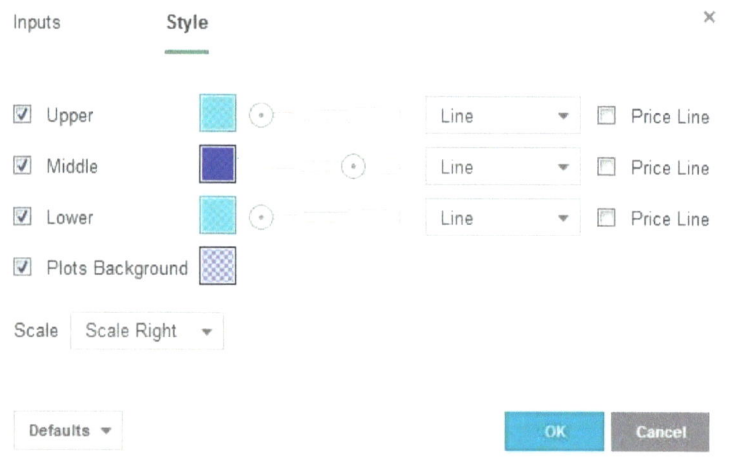

Klik vervolgens op OPSLAAN om de instellingen op te slaan als sjabloon die u later kunt openen wanneer u online gaat handelen.

Verander nu uw tijdschema in 15 minuten of 30 minuten of 60 minuten. Dit zal uw standaarddiagram wijzigen waarin u een histogram op een grafiek zoals hieronder hebt staan

Het handelsplatform

Laten we het hebben over het handelsplatform

Klik op Volatility Indices. Kies Bear of Bull Market.

Verander dan van Rise / Fall naar Touch / No Touch

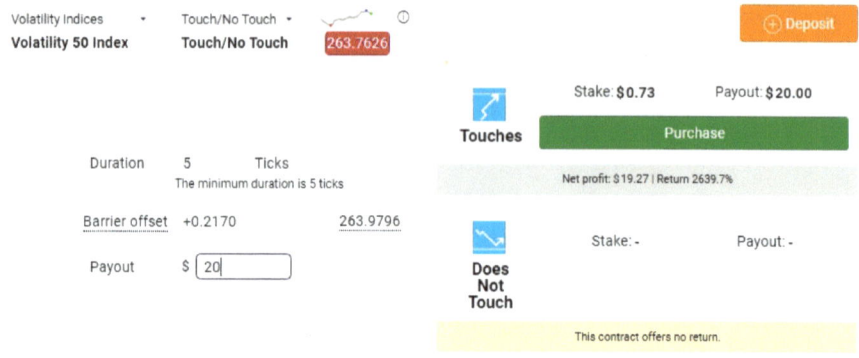

Duur: is de tijdsperiode die u verwacht dat uw transactie zal duren of dat uw transactie wordt uitgevoerd. Het kan gaan van 1 minuut minimum tijd tot 15 uur

Barrière-offset: is net als uw stopverlies in forex. Deze makelaar geeft u altijd een standaardbarrière. In de meeste gevallen ligt deze barrière erg dicht bij uw invoer. Het enige wat je hoeft te doen is het veranderen naar je eigen barrière.

Wanneer u uw slagboom verandert, zult u ook merken dat uw inzet zal toenemen terwijl uw uitbetaling zal afnemen of vice versa. Standaardbarrière geeft je altijd een enorme uitbetaling met een zeer lage inzet. Maar als je eenmaal de barrière hebt verlaagd, neemt je inzet toe en neemt de uitbetaling af

Aanrakingstekens: in dit geval voorspelt u dat de markt gedurende een bepaalde periode een bepaald prijsniveau zal bereiken.

Do not Touch: In deze transactie voorspelt u dat de markt gedurende een bepaalde periode uw barrière (prijsniveau) niet zal raken.

Laten we kijken naar hoe u kunt handelen in Do not Touch met behulp van Moving Average en Keltner Channel Strategy.

Raak Strategie niet aan

In deze sectie zal ik je laten zien hoe je Does not Touch kunt gebruiken met behulp van Keltner-kanalen. Houd er echter rekening mee dat u het principe achter deze strategie ook kunt toepassen om UP / DOWN (Rise / Fall) te verhandelen. Beperk jezelf niet tot Does Not Touch. Je kunt het ook gebruiken om Rise / Fall te ruilen. De reden waarom ik je aan het leren ben, is 'Niet aanraken', want als je het goed doet, kun je er gemakkelijk meer geld mee verdienen, omdat het je een hoger rendement op investering biedt, zoals 300% en meer, vergeleken met Rise / Fall dat je 30 biedt, 35% soms of zelfs minder.

BEER MARKT

De aard van Bear Market is om hoog te openen en lager te handelen. Dit betekent dat het zich altijd boven de slotkoers van de vorige dag zal openen, de rally tot een hoogtepunt komt dan de rest van de dag. Deze aard geeft ons een voorsprong om de trend van deze markt te kennen, die altijd bearish is.

Zoals je kunt zien in de bovenstaande zeekaart opent de markt hoog boven de vorige dag dichtbij (startend van 00 GTT), handelde hoger en viel voor de rest van de dag. U kunt de grafiek controleren om dit te bevestigen. Controleer de rode pijl. Het is gebruik om weer te geven waar de markt zich opent en hoe het zich verzamelt tot de hoogte van de dag voordat het viel.

Wanneer we Bear-markten verhandelen, nemen we alleen onze handelssignalen op basis van de bearish-kaars.

In dit geval handelen we in overeenstemming met de trend: een beermarkt zijn. Zoals we al weten in Forex, is de trend jouw vriend. Handel niet tegen de trend.

De Keltner Channels-strategie

De instellingen moeten worden ingesteld op 20, 1 zoals hierboven op de vorige pagina. Er zijn twee manieren om deze strategie te verhandelen. Het kan van korte of lange duur zijn.

Voor korte duur handel
In dit geval gebruikt u een tijdframe van 15 minuten of 30 minuten (diagram) om uw signaal te krijgen. De vervaltijd (uw duur) kan worden ingesteld als 30 minuten of 60 minuten, afhankelijk van u.

Voor langdurige handel
U bepaalt uw duur als 4 uur, 5 uur, enz.

Hoe Keltner-kanalen te verhandelen

Er zijn twee manieren om Keltner-kanalen te verhandelen.
(1) U kunt kaarsen ruilen die komen van buiten de bovenrand van de Keltner-kanalen en sluiten onder de bovenste grenslijn of erop.
(2) Je kunt ook de middelste band van de Keltner-kanalen ruilen

De bovengrens strategie

Wanneer de bearish candle van buiten de bovenrand van de Keltner-kanalen komt, dichtbij de Keltner-kanalen (dicht onder de bovenste grenslijn of erop). Dan verwachten we dat de kaarsen of de trades de middelste band van de Keltner-kanalen zullen proberen aan te raken.

In dat geval plaatsen we DOES NOT TOUCH Trade en zetten we onze barriere op +6 van de standaardwaarde. Als de standaardwaarde +2.453 is, veranderen we deze in +6.453. Een andere manier om de slagboom te krijgen, is door uw cursor ongeveer 1 of 2 punten boven de signaalkaars te plaatsen. De seinkaars is de kaars die onder de bovenrand van de Keltner-kanalen kruist of sluit. Het is de kaars die ons een aanwijzing geeft of ga door, ja, je kunt nu je handel plaatsen.

Houd er rekening mee dat de barrière vergelijkbaar is met het instellen van uw stopverlies op de forexmarkt.

Controleer de pijlen in de onderstaande zeekaart voor voorbeelden

Deze grafiek heeft alleen een Keltner-kanaalindicator

Zie een ander voorbeeld hieronder

In deze kaart worden alle 3 de indicatoren weergegeven.

Je kunt aan de hand van de bovenstaande grafiek zien dat de markt of kaarsen afkomstig waren van buiten de bovengrens (van de hogere) en lager in de Keltner-kanalen.

Als u bovenstaande diagrammen zorgvuldig in acht neemt, zult u zien dat mijn tijdsbestek 1 uur is. Ik heb dit alleen voor instructiedoeleinden gebruikt. Gebruik 15 of 30 minuten chart voor trading doeleinden.

En ik wil dit toevoegen, wanneer een transactie op uw 30 min. Of 15 min. Grafiek wordt geactiveerd, kunt u uw 5mins-grafiek openen om uw invoer te kiezen. Dit komt omdat er tijden zijn dat de markt naar boven zal terugkeren voordat het in jouw richting gaat - wat zal vallen. En als de retracement lang is, kan het uw barrière raken voordat het de gewenste richting kiest. Dus soms is het beter om te wachten tot retracement eindigt op uw 5-minuten-tijdsbestek voordat u uw DOES NOT TOUCH-handel plaatst. In dit geval zal uw handel veilig zijn en uw verliezen beperken.

De Middle Band-strategie

In een berenmarkt wanneer de bearish kaars dicht op de middelste band Line of erboven komt, zal de handel (dat wil zeggen de volgende en daaropvolgende kaarsen) naar beneden gaan. In dit geval plaatsen we een NIET TOUCH-transactie. En we zullen onze barrière als +6 van de standaardwaarde instellen zoals hierboven uitgelegd.

Laten we handelsvoorbeelden bekijken

De middelste bandlijn wordt aangegeven door de blauwe lijn.

Up / Down (Rise / Fall) -strategie

Zoals ik al eerder zei, gebruiken we twee Moving Average 20 en 50. In dit boek wordt Moving Average 20 aangegeven met een zwarte kleur terwijl Moving Average 50 in rode kleur is.

In een berenmarkt, wanneer de kaarsen onder de lijn Moving Average 20 sluiten, zal de markt de rest van de dag dalen tot de markt sluit. Dit betekent dat de trend zich tot bearish heeft ontwikkeld en we verwachten dat de markt naar beneden zal blijven in overeenstemming met de bearish aard van de Bear Market. De markt respecteert Moving Average 20 altijd en zodra deze overgaat en zich onder de markt sluit, is de aard van de markt dat deze de rest van de dag lager zal liggen.

In deze strategie, die je niet gaat plaatsen, DOE JE DE HAND NIET. Je zult handelen in UP / DOWN (Rise / Fall).

Duur: stel uw duur in op meer dan 5-6 uur, afhankelijk van de tijd dat u uw signaal signaleert.

Laten we voorbeelden bekijken voor Bear Market Chart

Moving Average 50 Strategy (De Rode lijn)

In een berenmarkt, wanneer de kaarsen op of onder de Moving Average 50-lijn sluiten, zal de volgende kaars of trade naar beneden gaan. Hetzelfde principe dat we bij Moving Average 20 hebben waargenomen, is hier ook van toepassing. Elk niveau onder het voortschrijdend gemiddelde betekent een trendverandering en er wordt van ons verwacht dat we handelen in overeenstemming met de trend. De markt respecteert altijd ook Moving Average 50, en als de kaars eenmaal over is en eronder sluit, zal de markt proberen zijn val voort te zetten. Zodra je trade-signaal geactiveerd is, plaats je Up / Down (Rise / Fall) Trade en bepaal je de duur.

De blauwe pijl geeft verlies aan. Als je dat wilt verhandelen, verwacht ik dat het een verlies zal zijn, omdat het niet zoals verwacht in onze beoogde richting beweegt. Maar in totaal maakt u nog steeds winst. Uit de grafiek hebben we 5 overwinningen en 2 verliezen.

STIERENMARKT

De aard van Bull Market is om laag te openen en hoog te verhandelen. Er wordt dus verwacht dat wanneer de prijs wordt geopend, de prijs lager ligt dan de slotkoers van de vorige dag en de handel de rest van de dag hoger is.

Aangezien wij handelen, raakt NIET aan, zult u uw barrière bepalen. In dit geval, aangezien het een Bull-markt is. U voegt negatief teken (-) hetzij -6, -9, -15 enz. In in de standaardwaarde die u op het handelsplatform ziet en stelt uw duur in. Bijv. Als de standaardwaarde 2.3456 is; je zal het veranderen naar -6.3456. Dit betekent dat u voorspelt dat de markt uw barrière gedurende uw ingestelde duur niet zal raken.

Laten we kijken naar voorbeeldtransacties voor elk van de strategieën zoals hierboven besproken ...

Keltner Channel Strategie

Omdat we te maken hebben met een Bull-markt, kijken we naar Bullish Candles van buiten het Keltner-kanaal, waarbij we de lagere grens van het Kanaal oversteken en er dicht in gaan.

Zie de pijlen hieronder

Je kunt aan de hand van de bovenstaande grafiek zien dat de handel van buitenaf kwam (vanaf het dieptepunt van de dag) de onderste grens overschreed, ofwel gesloten aan de lijn of boven de lijn en trend hoger.
Zodra je een signaal zoals dit ziet, plaats je je DOES NOT TOUCH-handel. Stel uw barrière in als negatief van de standaardwaarde en stel ook uw duur in.

Handelen in de middenlijn van Keltner-kanalen in een bull-markt

Wanneer de bullish kaarsen op de middelste lijn worden weergegeven door Blue line of erboven, wordt altijd verwacht dat deze hoger zal blijven of zal stijgen. Zodra dit is gespot, plaatst u uw DOES NOT TOUCH-handel.

Zie pijlen hieronder bijvoorbeeld

Bull Market Chart

Moving Average 20 Strategy (De zwarte lijn)

In een bullmarkt betekent dit dat wanneer de kaarsen boven de lijn Moving Average 20 komen, dit betekent dat de trend is gewijzigd in Up-trend en dat je nu in lijn met de trend kunt handelen. In een dergelijk geval zal de markt de rest van de dag blijven stijgen. De aard ervan zal zijn om hoger te gaan tot de markt dichtbij.

Let op: In dit geval handelen we de rest van de dag omhoog of omlaag (stijgen / dalen). Telkens wanneer de bullish candle de Moving Average 20-lijn kruist en erboven sluit, is dat alles voor de dag. De markt zal blijven stijgen tot het einde van de markt. Zodra u dit ziet, plaatst u uw ruilhandel en stelt u uw duur in voor de resterende uren van de dag.

Verlaat je ruil als het je het dubbele van je inzet heeft gegeven of wacht tot het einde van de dag als je zeker weet dat het niet zal keren.

Zie onderstaande voorbeelden zoals aangegeven door de pijl

Houd er rekening mee dat voor deze strategie. U moet een tijdshorizon van 1 uur of een grafiek gebruiken om uw signaal voor handelen te krijgen.

Moving Average 50 Strategy (De rode lijn)

Hetzelfde principe geldt voor Bull Market. In een bull-markt zal de markt blijven stijgen wanneer de kaarsen boven de lijn Moving Average 50 sluiten. Zodra dit gebeurt plaats je de handel omhoog / omlaag (stijgen / dalen) en bepaal je de duur.

Ik laat de blauwe pijl hierboven zien om aan te geven of je die ruil had geplaatst, het zou tot een verlies hebben geleid.

Een woord van waarschuwing

Ik zal verwachten dat je niet blindelings een ruil plaatst. Het eerste dat u moet doen, is het gebied van ondersteuning en weerstand op uw kaart markeren. Ik hoop dat je weet wat support en weerstand betekenen? Het zijn zones in de hitlijsten waar de prijs die stijgt weerstand kan bieden en zijn opwaartse richting kan stoppen en kan veranderen in neerwaartse richting (weerstand) of zones waar de prijs die valt, de steun raakt en niet meer valt en begint te kopen (ondersteuning).

Als je eenmaal je ondersteuning en weerstand hebt getekend, smeek ik je om elk signaal te negeren dat je vraagt om je hogere / hogere handel te plaatsen rondom weerstand en je down / lager handelen rond ondersteuning. Dat zijn gevaarlijke zones die je handel niet zullen maken om je winst te geven.

Geldbeheer

Maak alstublieft gebruik van Martingale Strategie om verliezen terug te verdienen. Dat is het geldmanagementplan waar we gebruik van maken om onze verliestransacties te herstellen en toch winst te maken.

HOOFDSTUK VIER

Hoe te handelen Digits Matches

Onder Digits Match wordt van u verwacht dat u het laatste cijfer van de prijs van de Volatility Index na 5-10 ticks voorspelt. U wint bijvoorbeeld tien keer uw geld als u voorspelt dat het laatste cijfer van de vijfde tick 9 zou zijn en dat is zo. Maar als u 9 voorspelt en het resultaat is 8, verliest u uw investering. Dit lijkt het moeilijkst, toch? Maak je geen zorgen, ik zal je de stap voor stap procedure geven over hoe je geld kunt verdienen met Digit match.

Ik heb de onderstaande snapshot getoond.

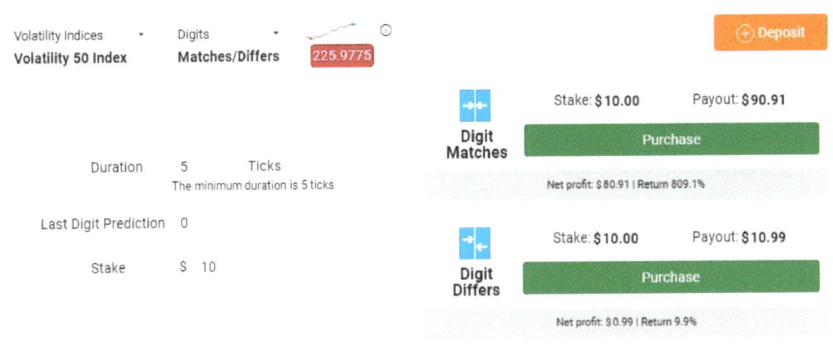

Zodra u op de Volatility Index van uw keuze klikt, 10, 25, 50, 75 of 100. Verander de UP

/ Down to Cijfers met Matches / Differs

Omdat het heel eenvoudig is om Differs te voorspellen (voorspellen dat de laatste cijfers van de 5e tick geen gekozen getal zullen zijn), is het rendement erg klein.

Om het meeste uit deze strategie te halen, heeft u ten minste $ 170 als kapitaal nodig om te beginnen.

Digits Matches Strategie

Bekijk de onderstaande tabel. Begrijp je wat het betekent? Ik zal elke kolom voor je uitleggen.

Proeven	Inzet	Kosten	Fixed	Komt Terug
1	$1	$1	$10	$9
2	$1	$2	$10	$8
3	$1	$3	$10	$7
4	$1	$4	$10	$6
5	$1	$5	$10	$5
6	$1	$6	$10	$4
7	$1	$7	$10	$3
8	$1	$8	$10	$2
9	$1	$9	$10	$1
10	$2	$11	$20	$9
11	$2	$13	$20	$7
12	$2	$15	$20	$5

13	$2	$17	$20	$3
14	$3	$20	$30	$10
15	$3	$23	$30	$7
16	$3	$26	$30	$4
17	$4	$30	$40	$10
18	$4	$34	$40	$6
19	$4	$38	$40	$2
20	$5	$43	$50	$7
21	$5	$48	$50	$2
22	$7	$55	$70	$15
23	$7	$62	$70	$8
24	$7	$69	$70	$1
25	$9	$78	$90	$12
26	$9	$87	$90	$3
27	$12	$99	$120	$21
28	$12	$111	$120	$9
29	$13	$124	$130	$6
30	$15	$139	$150	$11

PROEVEN

Dit is het aantal proeven dat zal worden gedaan waarin onze hits of winsten naar verwachting zullen worden behaald tijdens de proeven. Ons kapitaal van $ 170 geeft ons de luxe om van proef een te morrelen naar proef dertig; waar we van verwachten dat we een hit maken. Het mooie hier is dat het niet uitmaakt waar we onze slag slaan, we zullen altijd winst blijven maken.

INZET

Inzetten betekent eenvoudigweg de hoeveelheid geld die we willen investeren of ruilen. Ik veronderstel dat je beter zult begrijpen door alleen maar door de tafel te kijken.

KOSTEN

Dit is de cumulatieve waarde van onze inzet. Tegen de tijd dat u uw eerste proef neemt, betaalt u $1. Maar tegen de tijd dat u uw 11e proef neemt, zou $15 van uw account zijn afgetrokken.

FIXED

Het vaste hier betekent het bedrag dat we zullen ontvangen als we een hit maken. Bedenk dat we tien keer van onze inzet zijn betaald. Dus onze FIXED op elk willekeurig moment zal op dat moment een keer tien van de inzet zijn

KOMT TERUG

Dit is onze winst. Het wordt berekend door de COST van FIXED af te trekken. Dat betekent dat als we een hit maken bij de 12e proef; onze kosten zijn daar $18. Omdat we $3 inzetten bij de 12e proef, onze vaste; dat is 10 keer onze inzet zal gelijk zijn aan $30. Daarom is onze terugkeer op dit punt, FIXED minus COST, gelijk aan $30 minus $18, wat $12 oplevert. Dat betekent dat ons rendement op dat specifieke punt $12 zal zijn.

Procedure

Bij cijfers wordt van u verwacht dat u van 0 - 9 voorspelt, het getal dat na de vijfde tik het laatste decimale cijfer zal zijn. Zodra uw voorspelling juist is, krijgt u 10 keer uw inzet.

We begrijpen hoe dit al werkt. U voert uw inzet in, uw voorspelling en klikt op

Aankoopcijfers.

Kijk daar nu eens naar die tafel. Daarboven is er "RETOUREN" als een kolom. Zoals ik heb uitgelegd, is het onze winst. HOE?

Zoals ik al zei, zullen we het laatste cijfer van de vijfde teek voorspellen. Dat betekent dat we een kans van 1/10 hebben (omdat we tien getallen hebben van 0-9) en als zodanig lijkt dit erg moeilijk. Ik zeg niet dat ik je een magie zal geven om te weten wat het laatste cijfer goed zal zijn. Maar ik zal je een strategie geven die ervoor zal zorgen dat je altijd een winnaar zult zijn, zelfs als je verschillende keren niet goed hebt voorspeld. Alles wat we willen is dat we precies één keer in ongeveer 25 proeven voorspellen. Dit betekent dat als we 16 keer verkeerd voorspellen en tegen de 17e voorspelling, we terecht voorspellen, we winst zullen hebben. Waar ik je mee uitrust, is wat een perfect berekend risico wordt genoemd. De enige taak waar je mee in de schaduw staat, is het kiezen van een getal tussen 0 - 9. Elk ander ding zal geregeld worden.

Het geheime nummer

Je weet best dat we een getal van 0-9 moeten kiezen als onze voorspelling dat we hopen het laatste cijfer te zijn na het vijfde vinkje. Oke! Laat me je het geheime nummer en de geheime strategie geven. De cijfers zijn 0, 1, 2, 3, 4, 5, 6, 7, 8 en 9. De tien natuurlijk. Zoals u kunt zien, hebben ze allemaal dezelfde kansen. Maar soms ga ik meestal voor grotere aantallen. (5, 6, 7, 8 of 9) met redenen die onverklaarbaar zijn. Ook, als ik voor deze grotere aantallen ga, geef ik soms zelfs een groter aantal de voorkeur (6 of 8).

Integendeel, als je helemaal geen inzicht hebt in een nummer en je echt je keuzegetal echt aan iets wilt koppelen, dan kan dit heel logisch voor je zijn.
Bekijk deze snapshot hieronder

Klik op Laatste cijferstatistieken zoals aangegeven met de BLAUWE pijl. Dit betekent statistieken. Als u erop klikt, verschijnt er een cirkeldiagram dat de frequentie van het uiterlijk van elk nummer van 0-9 berekent voor de ingestelde maatstreepjes die u hebt gekozen. U kunt besluiten om het uit te zetten voor de voorbije 100, 200, 300 voorbije tikken. Dit geeft je een inzicht in hoe vaak elk nummer is verschenen voor de laatste tikken. Kies voor de laatste 100 ticks als u de statistieken moet gebruiken omdat deze recente informatie bevatten. Merk op dat het getal met het hoogste percentage het nummer is dat het meest is verschenen in de afgelopen 100 tikken.

NOTITIE:

Het nummer dat we kiezen, is op geen enkele manier onze strategie. De strategie ligt in de getabelleerde formule. En merk op dat WAT U NOGMAAL KUNT KIEZEN, U MAG HET NIET WIJZIGEN TOTDAT U HEBT GEWONNEN. Nadat je hebt gewonnen, kun je besluiten een ander nummer te gebruiken.

Je moet helemaal opnieuw beginnen vanaf het begin als je wint. (1e proef naar boven)

Bijvoorbeeld als u kiest voor 8. Tijdens uw eerste proefversie werd dit niet getoond (u verliest uw $1); 2e proef, het is niet getoond (je verliest nog een $1, waardoor $2); tot de 7e proef (je verliest nog een $1, samenvattend tot $7) en als je bij de 8e proef wint, win je $10. Dit minus de geaccumuleerde kosten van $8 zal u met $2 winst achterlaten.

Het punt hier is dat je de 8 (je voorspelling) niet moet veranderen totdat je hebt gewonnen. Als je het durft te veranderen, verlies je je geld. Na het maken van je hit, kun je ervoor kiezen om deze te veranderen of besluiten om ermee door te gaan. Maar verander het nooit helemaal wanneer een game nog steeds aan de gang is zonder te winnen. Als je het niet verandert, heb ik er alle vertrouwen in dat je zult winnen voor je 23ste proces. Het maakt niet uit hoe slecht. En onthoud, ongeacht waar je je hit maakt, je bent zeker dat je terugkeert. Blijf gewoon bij de getabelleerde formule en laat het uw gids zijn.

Een andere waarschuwing is dat **DEZE STRATEGIE KAN MAAR ÉÉN KEER IN 3 MAANDEN WORDEN GEBRUIKT**. Als je het deze maand gebruikt en het van plan bent om het de volgende maand te proberen, zal het niet werken. Dit kan te wijten zijn aan het feit dat de makelaar onze transacties volgt, en zodra ze uw volgorde van winnen opmerken, zullen ze het algoritme van de cijfers veranderen. We willen niet in hun handen spelen.

Regels van de Strategie

- Open zowel het virtuele account als het echte account.
- Gebruik het virtuele account om uw hand te proberen met deze strategie.
- Zorg ervoor dat je oefent met je Virtuele account en bouw je zelfvertrouwen heel goed op voordat je naar Real-account gaat.
- Zodra u klaar bent om uw inzet te nemen, stelt u al uw parameters in volgens de

instructies

- Maak een beslissing over het nummer dat u wilt gebruiken
- Zodra je begint, verander je nummer nooit, ongeacht hoe lang het duurt om een hit te maken; als je dat doet, verlies je.
- Wees niet hypertensief als je geen treffer hebt gemaakt. Het kan komen op de 24e proef of zelfs meer.
- Je moet niet ontspannen in het midden van de inzet. Zodra het resultaat uit is voor de 1e proef, voer je de 2e proef onmiddellijk in en zo verder, totdat je je hit hebt gemaakt. Dit zorgt ervoor dat u uw trials niet onafhankelijk maar afhankelijk van elkaar maakt. Dit versnelt je hit.
- Op basis van onze strategie wordt van u verwacht dat u slechts 5 hits per dag maakt. Dit kan worden bereikt onder 15-20 minuten.
- Met 5 hits per dag is een gemiddelde van $20 per dag zeker. Dat geeft $100 / week. Dit geeft je een doel van $400 / maand.
- Wees niet hebberig. Als je ervoor kiest om te zijn, nodig je problemen uit.
- Zodra de 5 hits voor de dag zijn gemaakt, log je uit en bereken je je winst voor de dag.
- Als al deze regels strikt worden nageleefd, is uw $400 in deze maand 100% gegarandeerd met alleen deze strategie.

HOOFDSTUK VIJF

Conclusie

Laat me met recht zeggen dat de principes die onder Touch / No Touch zijn onderwezen, kunnen worden gebruikt om Up / Down (Rise / Fall) te verhandelen. Soms is de handel Does Not Touch kan zeer riskant zijn, in een dergelijk geval, past u de strategie toe om Rise / Fall te verhandelen.

Houd je aan alle instructies in dit e-boek en je zult versteld staan van wat je wereld zal blijken te zijn. Wees niet hebberig en wees nooit pessimistisch. Wees ook niet lui. Ik geloof dat dit e-boek voor zichzelf spreekt. Lees aandachtig en blijf op het internet om alles te oefenen wat erin is onderwezen. Met deze gids denk ik dat je binnen 12 uur na het lezen van deze handleiding aan de slag kunt gaan met je virtuele account.

Ik nodig je uit om de Trend Trading-strategieën van mijn vriend te proberen, die zijn uitgewerkt in zijn boek Binare Opties: Stappen voor Stap handleiding om geld te verdienen met Binaire Handel in Opties.

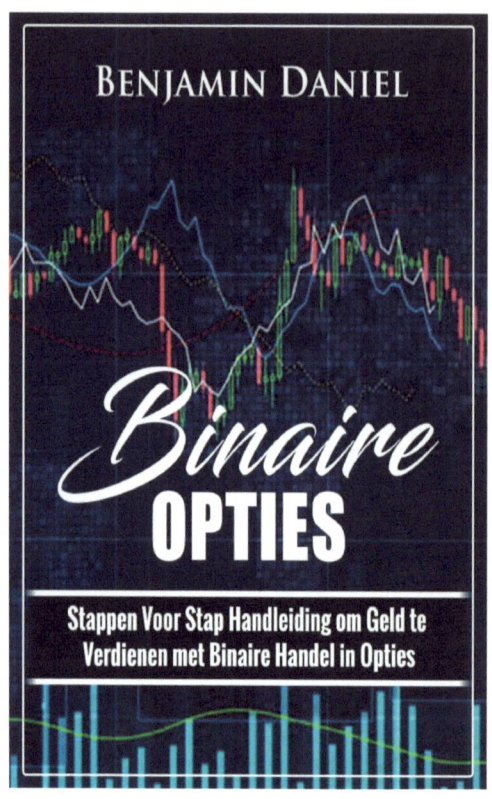

Hij besprak in detail over Trend - hoe de trend te kennen, zowel handmatig als met behulp van indicatoren en hoe je de retracement van elke trend in binaire opties kunt verhandelen. De strategieën die daar worden uiteengezet, kunnen ook worden gebruikt om volatiliteitsindices te verhandelen voor OMHOOG / OMLAAG (stijgen / dalen) en aanraken / niet aanraken. Het is een heel goed boek dat je veel zal helpen.

****

Bedankt voor het lezen! Als je dit boek leuk vond of het handig vond, zou ik je zeer dankbaar zijn als je een korte recensie zou posten op Amazon of op de site waar je dit e-boek van koopt. Uw steun maakt echt een verschil en ik lees alle beoordelingen persoonlijk zodat ik uw feedback kan krijgen en dit boek nog beter kan maken.

"Nogmaals bedankt voor je steun!"

www.ingramcontent.com/pod-product-compliance
Lightning Source LLC
Chambersburg PA
CBHW040246220526
45473CB00001B/381